Bruno Osimo

Ce l'hai scarico da un pezzo

poesie

Ce l'hai scarico da un pezzo

Sommario

Let me dance

Lasciami danzare
regina del ballo liscio e della danza
nel raggio della tua azione soleggiata
e baciata
da più e più mascoli canterini
mascoli asciutti sulla ventina
per favore lasciami volare sono stanco
senza punti
lasciami correre senza problemi d'età
sono stufo di fare da terra ai fiori dell'aiuola
stufo di concimare la tua terra
di fiori gialli
di fiori e strafori
fiori senza età
senza nebula.

Poi rendimi il mio corpo sonnolento

Poi rendimi il mio corpo sonnolento
poi che sei sazio, trafiggermi e scaldarmi,
se dietro alle mie cosce sei mancato
lasciandoti cascare sul cuscino.

Ancora dietro a me si sente il freddo
che m'hai scoperto schiena nuca e spalla
ora che più non tocca a te bagnarmi
quel nodo che non serve a partorire.

(infinito)

Dormire con te.
Non dormire.
Non dormire, con te.
Umettare la tua schiena.
Non cadere.
Non respingersi.
Canticchiare.
Nel nottolo scuro canticchiare appena.
Appena ti svegli è giorno.
Che ci fai, qui, maschio.
Che ci fai, maschio, scarico da un pezzo.
Maschio sovraccarico.
Impolverarsi.
Risplendere
Rispondere nel fossettino coricato.
E concomitare.
Ho dormito dalla tua parte.
Nella tua conca.

Salvarti la vita.
Non salvarti la.
Esserci.
Esserci ancora.
Essere ancora quello che si vuole.
Caricato da un pezzo.
Coricato con te.

Československo

Eravamo nel mese di luglio ancora tanto giovani e
preferibili
leggermente impazienti leggevamo incomprese le targhe
dei tir
alla fine motorizzati due file parallele d'alberi filavano
nella fluviale città le case gonfiate di fieno di birra
nemmeno facevan due giorni non fumavo all'ombra d'un
ficus sdraiato
il mare lontano cercavo la foto d'un camion bombuto
davanti al disastro
nella famiglia materna fotografare persone era da ritenersi
immorale
ma ormai sul poggiolo eri tu che scrollavi le briciole
quando vidi la tua pelle tremava e c'era pericolo di
shciacciarti
altri peli foderavano il bagagliaio da dove il Vagabondo
ansimava
non era tra noi ciò che nacque dalla corsa di me verso di
te e dalla corsa di te attorno a me
nel bagagliaio foderato di tovaglie avrei clandestino
importato scatoloni di birra
diceva il manuale di bere non meno di sei sette sorsi al
minuto
essendo fredda l'acqua incrollabili accompagnammo
bambine di seta in piscina
dal davanzale passavano vagoni per merci attaccati ad altri
vagoni per merci
il colle aveva nascosto con tanto zelo il grande casone che
non si vedeva
la mappa l'avevo acquistata spiegandomi in turco
distrutto dal caldo

giacché la strada deposta oltre il colle portava un nuovo
ed identico nome
la bimba era bella una foglia di seta un sorriso con denti
da piangere
già da tempo la lingua dei padri e dei frati dell'uomo dal
sud conosceva
anni prima era mosso il sorriso da lui pronunciato in
presenza di amore
lo pensavo osservando dall'alto i fili dei filobus appesi
lontano dal ponte
a quell'epoca avevo un muso tu restavi seduta un gradino
più sotto e guardavi le case
la montagna che noi scalavamo era altra e forata e sopra
miravan le stelle
la sera sul muschio dei tetti rigonfi scendevamo a teatro
lo spettacolo era al palazzo centrale nazionalpopolare con
vista sul fiume
dopo in locali agghindati la gente cenava con birra e
salami di pasta
dai pori della mia tricolore maglietta i passi segnavano il
tempo d'un grasso
e pelato al mio ritorno avrei ritrovato un periodo notevole
ma breve di ore
avremmo girato il lungo ed il largo dei colli dei fiumi
spiando i kajaki passare
non avrei più bagnato il mio corpo intriso di birra in
quella non limpida acqua di microorganismi
i castelli e le loro cortigiane in Boemia sono svariati e
abbondanti
osservavo per molto le loro fattezze rosacee pensando
alla vita.

California driming (telefunu senza filing)

Sono ventinove giorni che corro
anzi cammino, anzi arranco, anzi mi trascino,
sotto braccio coi tuoi ormoni.

Tu dormi California, tu sogni California
io sogno che tu sogni di tornare,
e quanto torni, sogno di sognare che sogni di stare
 con me.

Ogni minuto macinato pensando a te
ma tra noi non c'è filing
io potrei essere morto nutrire le patate lungo
 l'autostrada
tu scivolata dal ponte di vetro nel torrente di cristallo
e nenti sapiri, nenti comunicari
ka stamu nu mizzo di «what a filing?»

What a filing, amuri meu.

Al tuo livello

Stare allo stesso livello tuo
piano strada
sapendo che stai per tornare.

Mi gelo le dita
con in braccio il mio cane.

Nel tuo arrivo
preparo tè caldo e mele a spicchi
soffocando in questa dedizione la marea che mi sale
dentro.

Your night out

Tu vai fuori e il sorriso
che stampo sulla mia bocca è bionico
mentre accarezzo il tuo collo di pelliccia ricavato
da parti del mio corpo.

Sei sensazionale
il tuo profumo lascia una pista
mi ci mando
invitando con me anche il cervello e le dita.

Telefono ad Agata
per l'abboccamento davanti all'edicola
insieme al gruppo 25 febbraio
gli amichetti del bombardino.

Il tuo ritorno suona incrinato
la nota fessa della chiave nella toppa.

Exhibition

La messinscena di tazzine e piattini
due per la precisione
che disponi con cura sul banco di cucina
si rivela in tutta la sua nudità quando voli
al primo squillo al primo suono al primo trillo.

Resta la scena
desolata, desolante, deserta di liquidi
resta il caffè nel percolatoio scandisce
tip - tip - tip - tup
minuti secondi di differenza dalle tue onde
dove vibrano colori distanti.

Tutto quello che vuoi

Ti parlo tutto quello che vuoi,
morbida carezza,
se questo vale contante nei nostri conti interni.

Ho bisogno di molto credito
accetta anche le mie cambiali scadute
accetta anche le mie monete consumate
accetta anche le mie fatiche.

Nella banca del tempo
ti regalo il tempo
tutto il resto è mio.

Abbandono

Bevi vino nobile lentamente tesa sapendo dove verso la mia acqua minerale
lievemente frizzante,
ridi con gli amici scoprendo anche quell'angolatura di dente, quella,
sorridi pensando sono fuori nessuno guarda l'angolatura del mio sorriso,
nessuno misura il grado di rivelazione del mio dente canino,
nessuno pensa a casa bevono acqua minerale lievemente ma solo
lievissimamente frizzante.

Scegli frittura mista e ci spremi sopra tanto tanto tanto limone,
contenta del tuo piccolo capriccio:
uno schizzo di limone va anche sulla camicetta lilla.

Ada Café

Sono entrato in questo caffè per estrarmi dalle mandrie al
trotto veloce/lento
subito mi portano un tortino di pistacchi/formaggio
un caffè americano in omaggio
un gelato alla menta fresca
e penso di scriverti una lettera fresca fresca dal Canadà.

Un sorso di caffè senza zucchero quando i complimenti che
facevo alle tue mutande erano esagerati
una leccatina di gelato quando il calore delle tue guance mi
scioglieva le dita sudate
un morso di pistacchio caldo quando m'accorgevo d'essere qui
solo a mille miglia da te.

Le rose bianche al tavolino di fronte sulla destra
– dove una bionda non tinta mi lanciava occhiate imploranti del
tipo
«Non lasciarmi qui, invitami al tuo tavolo, ti massaggerò le
ginocchia, sbocconcellerò i tuoi antipasti di pesce»
– appassiscono visibilmente prese in mezzo dalle radiazioni
dell'amore appeso.

È appena passata tua sorella, calze scure, gonna nera, fard sulle
guance, sguardo birichino
e ha infilato gli occhi nel mio sottotavolo leccandosi le labbra
ma col piede ho pestato forte per cacciare lontano la
supponenza esclusiva
e nel bagno Permaskij mi sono appartato a svincolare il cervello
dall'eruzione spermatica.

Albergare nel tuo cuore

Quanti rubinetti d'argento quante manopole
consunte,
quante cameriere stupite quanti dispenser per doccia,
quanti copriletto impolverati, quante docce chiuse
prima di viaggiare con le tue cure, con le tue grazie.

Sono sempre a guardare fuori dalla finestra d'albergo
mentre te n'esci scarruffata e ombrosa dallo studio
precipitando tra messaggi, sprofondando tra squilli
e bevi e mangi e tagli e sminuzzi con gli occhiali.

Accanto alla rosa gialla

Lasciato ad appassire
accanto alla rosa gialla,
tu correvi nuda le tue vene varicose –
la tua cellulite –
mancanti dal mio inventario di nuove muse.

Il gusto di nasconderti
i miei sentimenti basici
è più forte di me – più forte del mio pistillo.

Quante volte sorpresa con le mani nella pasta di
olive verdi:
ma tu negavi sempre
il desiderio di leccare
fino all'ultima goccia del mio
sangue appassito.

Booking

Mi prenoto per due ore presso il tuo
incedere da diva
– l'occhiale quadrato occupa un metro della tua faccia –
l'appuntamento è su terreno neutro al bar degli amici.

Il tuo sorriso modesto nasconde la notte trascorsa col ragionier
Cavazza.
Non è stato per te un piacere,
ti sei adeguata alle usanze del gruppo.

Tutti i tamburellatori dell'Africa centrale
si sono dati appuntamento sul mio cuore:
al mio risveglio avevo tre testicoli di meno
e il bidet nell'acqua ghiacciata non è bastato
a frizzare la mia fronte surriscaldata.

Sì, è vero, ho concupito nel frattempo la regina delle Filippine
ma il tuo bisturi è sceso un millimetro troppo vicino
e adesso rinuncerei a qualsiasi scambio di piaceri.

Solo la parte sufficientemente buona della mia mente realizza
sogni che la parte sufficientemente cattiva della mia mente non
riesce nemmeno a concepire.

Quello che non capisco è il perché dello strascico
il perché di quel sorriso enigmatico
che la domenica pomeriggio non mi faresti
nemmeno dietro cospicua prestazione di manodopera
specializzata.

Quello che non capisco è la convocazione della conferenza
stampa,
i riflettori:
ma forse a ben vedere
hai pensato che fosse un ottimo momento per meditare.

Débologner

Sbologni via le mie domande

come fette di limone nella ricotta

il mio aperitivo collocato a ridosso

della tua prima colazione

siamo cani parlanti

abbaiamo solo su ordinazione

siamo gatti striscianti

bestie della stessa razza

troione.

Vengo al tuo sonno imberbe

Vengo al tuo sonno imberbe
purificato d'ogni peccato
dopo avere sgocciolato sull'asfalto affettuoso ogni goccia
    di me.

Quando ti ritrovo sotto le lenzuola
sei una boa calda nello stagno pauroso del sogno
e l'umido nel quale sprofondo è un abisso di gioia
    animale.

Accarezzo le tue guance rotonde che mi sorridono
mentre il viso assonnato giace rigato sul cuscino
sei del tutto inconsapevole di dare anche vita.

Accolto sulla soglia dal tuo corpo domestico
t'ho sfiorato le labbra per una carezza vibrante
e ti leggevo negli occhi
l'esaustione dei tuoi schizzi accademici.

La mia bocca ha fatto l'amore con la tua bocca
per gelosia, hai voluto interromperle
per gelosia, hai voluto schiaffeggiarle.

Dal periscopio gli abissi si vedono poro dopo poro, poro
    per poro,
ti ho scandagliato deflorando i tuoi effluvi di vestaglia
hai ricevuto autentico piacere dal profumo dei miei
    zampilli.

Quanto c'è di più prezioso nel tuo corpo

Quanto c'è di più prezioso nel tuo corpo
stringo tra polpastrelli
se tu sapessi cosa porto in tasca
mi disereresti
non mi faresti più tenere la mano nella tua tasca
sulla tua coscia
dare baci sulla bocca in ascensore
e io morirei stringendo tra polpastrelli
un pezzo di plastica contenente
quanto c'è di più prezioso nel tuo corpo.

Pedalando

Pedalando tra mefitici olezzi
annaspo in direzione te
tra prati martoriati, fazzoletti
appallottolati in un angolo,
cabine nel cemento e tabaccai
di periferia, dove il fumo è dentro
e fuori, e sotto, e sopra e i maschi
s'infilano contenti la mano nella patta
e grattano:
le domeniche di una volta, dove an-
negherei, non fosse che l'acqua sa di sapone.

Superata l'ultima salita senza infarto,
sono giunto appiccicoso, unto
dove tu senza di me ti sei tolta i peli
e gli uomini ti hanno guardata
sono arrivato alle tue piccole,
alle tue tante, tenere attenzioni.

Carica batterica del collo

Il tuo collo non ha carica batterica –
nascondi la mano asciutta sotto anelli di
seppia, di zaffiro e di smeraldo nero
mentre la bocca sottile non sfugge
legge peccaminosa del mezzo secolo.

Dormo sempre rintanato dietro i tuoi talloni
sperando che si aprano le acque,
sperando nel miracolo del rinvenimento
d'una fonte nuova accanto al cespuglio.

Ho sempre avuto cura dei risvegli
e del caffè e della prima colazione:
cercando di farti cosa grata
friggo di notte a quarti la patata.

Ce l'hai scarico da un pezzo

Appena ti svegli è giorno.
Che ci fai, qui, maschio.
Che ci fai, maschio, scarico da un pezzo.
Maschio sovraccarico.

T'ho cercato negli spaghetti western
e ora ritrovo di te una versione ruspante, qui.
Devi trovare uno spiraglio tra i movimenti machosi
se vuoi che possa tenerti nel mio odore di stiro.

Appena ti svegli è giorno.
Che ci fai, qui, maschio.
Che ci fai, maschio, scarico da un pezzo.
Maschio sovraccarico.

Corpo, tu sei il tuo –

Tu sei il tuo corpo:
sono vigile su di te come un corvo
appollaiato sul ramo.

Tu sei il tuo reggiseno:
custode del tepore mi spinge
alla carezza, allo strappo.

Tu sei le tue mutandine:
ogni mattina incontro il profumo
mi vesto pensando.

Tu sei il tuo dentino:
perla di zingara nascosta in bocca
monile del mio collo.

Solo un portatore sano

Viaggi di bolina, viaggi di poppa
in questa nebbia di piscina, sul marciapiedi
– esci – entri – fai di me quello che vuoi –
che non vuoi, che me ne stia a cuccia nel caldo della
  sauna.

T'intravvedo tra le marmellate affusolate
sempre più lontana dietro il fatto quotidiano
sempre più lontana dietro la credenza di famiglia
sempre più lontana ti desidero ti desidero ti desidero.

Ma cosa posso fare
sono solo un portatore sano
di geni dei nostri figli.

Cortina di calchi

Al tramonto delle nostre partenze
– dissetato ormai da giorni alla fontana gocciolante –
tu seppellisci solo in superficie il tuo dolore passivo.

Mentre ci avviciniamo allo scarico di sudovest
le unghiate che sferriamo sono svogliate ma
profonde
e spesso è decisivo il bivio del chilometro
settantasette.

Perduto in adorazione dei tuoi denti piccoli e delle
tue tettine grandi,
guardo avanti a quando il tuo potenziale elettrico
essendo scaricato per la coda
e i tuoi occhi essendo una preda possibile,
il tuo reggiseno un decoro spostabile.

Perché quello è valido quando aspettando il posarsi
del bush,
il calmamento del mare,
la scomparsa della schiuma,
il tergersi dell'aria,
lo spianamento delle alghe, delle rughe.

Dovendo volare

Bevo sempre prima del decollo –

quando precipito
la riva è ancora lontana.

Dal nido vedo il mondo un po' più piccolo
un po' più lontano.

Solitamente l'albatro
(la ripresa del volo, tra un tentativo e l'altro, prende
sempre qualche tempo)
viene preso per un altro, e abbattuto.

Mi guardi sempre dal tuo volo
incrollabile.

Gastrite psicoanalitica

Circospetto
mi muovo tra i cespugli della tua agenda affollata
– in attesa del buco nella siepe –
col telefono in mano vado alla nostra panchina.

Avremo qui luculliani momenti di
gastrite psicoanalitica – ti amo –
mi sentirò al diciassettesimo cielo e tutto il resto
sarà scomparso dietro la siepe, dietro
un tranquillo weekend di messaggistica.

Gianfranco C., abboccamento segreto
con –

Sì esco è soltanto un pranzo innocente tra amiche
mi lavo mi trucco e profumo ci metto un po' troppo
ti lascio soltanto da prendere i bimbi alla scuola
¡son tutta in orgasmo!

Mi fulmina un lampo che amiche che amiche che
amiche
ti chiamo risponde la tua Protettrice sfrenata
mi passi mi passi mi passi mi passi mi passi
sei falsa nel suono – domando – confessi – io
svengo.

M'accatta da terra mia figlia che adesso è cresciuta
non sa cosa fare mi placa mi versa le gocce
tra vini e calmanti mi sciolgo – resisto – t'aspetto
m'abbranco al tuo corpo – non mollo nemmeno di
notte.

L'osteria del fosso

Ti ho cercata sotto i salici
all'osteria del fosso
mentre regolavo care le mie parole
al vento del giardino.

Avevi la giacca tre quarti del nonno
che ti arrivava sopra la gonna
e dentro c'era una bambina col fiocco
un sorriso da banco di scuola.

T'ho portata per mano nel mio solaio
dove ti ho amata e dalla finestra
spirava un vento tiepido di foglie
sopra il letto sparso di foglie.

Errante, ma quanto?

Errante, ma quanto?
coniuge portatile, wireless
puoi avermi nella bora di Gerusalemme,
sotto il ponte di santiago
sempre più pieno di errori
sempre più correggibile
io erro di continuo
fino a portarti sul ponte con me accanto al tram
oggi si va a passeggio
con un senso di superiorità
latente
mi sei venuta incontro al caffè aroma
portavi il tuo maglione verde coi bottoni di metallo
eri commossa come se ti avessero fatto salire
sull'aereo all'ultimo momento
ti aspettavo col cappuccino fumante
proprio come piace a te.

Mitterhofermarkt

Ho lasciato la mia giovinezza al conad di Bruneck
su pista ciclabile accessoriabile
mi scorrazzano spericolati ricordi.

Tu dov'eri – sbucciavamo patate nell'orto puzzolente,
ma tu dov'eri – nascosta dietro tre computer,
ma tu dov'eri – mentre facevo il bagno nella vasca,
ma tu dov'eri – mentre squarciavo l'alba di fotocopie.

Scaricavi palate di carbone dal balcone di legno,
organizzavi mirtilli panna ricotta
per far la materna
senza mai indossare calzettoni,
senza mai pensare agli scarponi.

Passa veloce la pellicola
subito prima di spegnere:
volentieri sfrecciano i tuoi ricci
e il bastone ai lati della strada.

Siamo tornati sul luogo del delitto
dove la cannabis cresceva ai bordi della pista
e gli amici in Rolls Royce combustavano tutto
ridenti, di risa senza sciacquone,
molto ammirati dei picnic ossessivi in riva al lago:
uova sode, cioccolato, cognac.

La morte che ci separa
i sepali sul bavero del tuo maglione
comincio a salutarti, vedo opaco
nell'angolo in alto a destra del riquadro
mai farsi trovare impreparati
dal nostro modo di divertirci senza diverticoli.

Museum

Solo sfilando tra gli ulivi
solo carezzando gli ulivi taglienti, di passata
ho visto la tua faccia piangente davanti al mio museo:
non sapevo quale impalcatura montare sotto la tua
guancia turgida.

Solo in quel momento, fissando il fango
che avaro rincalzava il basso gettito dello stivale
arancione,
solo allora ho capito d'avere calpestato settantine di
germogli
mentre ti prendevo sul filare,
settantine di api operaie col fazzoletto intorno ai capelli.

Il mio polpaccio è sempre turgido quando
sono lì per inseminarti dei miei baci troppo umidi,
il mio polpaccio è sempre duro nel letto e se ti scalcio,
non devi pensare male di me, è solo l'ultimo discorso
registrato
dell'uomo che voleva parlare.

Non paventare il mio museo ridondante di cadaveri:
son tutte morte sotto i miei ferri sul tavolo operatorio
mentre tentavo operazioni acrobatiche di assemblaggio
per il mio zoo di vetro: sai che ci tengo particolarmente
quand'è stagione a mostrare al vento gli amplessi di colpa.

Nascondi la cellulite

Nascondi la cellulite
sotto la lucidità delle mutande nere:
le due fette d'anguria, succosa
premono da sotto i pantaloni beige,
spingono da sotto i pantaloni beige,
lasciano la buccia sporgere dai pantaloni beige.

È facile la pelle liscia,
facile l'abbronzatura fresca,
facili le curve rotonde depilate,
le giovani gambe scattanti dello iogurt,
le gambe alate con gonna degli assorbenti:
facili e a buon mercato.

Quando mi viene voglia di dormirmi addosso,
di vigilare meno sulle offese al galateo,
trovo poesia nei tuoi piedi incalliti,
nelle tue curve stanche,
nell'indifferenza beata dei tuoi sbadigli.

Quando tu vai via

Quando tu vai via,
il letto nostro rimane aperto non per caso,
non per distrazione o per dispetto:
non ne è capace il nostro letto.

Per richiudersi, sta solo aspettando che tu torni,
manifesta la sua vuotezza,
protesta la sua vacanza:
della gita tua ne ha già abbastanza.

Nella fessura mondo/notte

Accompagnami nella fessura mondo/notte
nel punto esatto dove finisce ragione
e comincia delirio, quello buono
quello che vede lontano, lontano e più lontano
quello che vede vicino, vicino e più vicino
non preoccuparti di sapere se ragione finisce proprio
lì.

Accompagnami nello spiraglio sogno/veglia,
non avere paura che ti si divarichino troppo le
gambe,
scendi con me sotto il livello-sera
tra cerniera e muro,
nell'avanzo del piatto del vicino,
sotto trecento mozziconi di tè avariato
ritroviamo il disequilibrio
ritroviamo il mestiere di vivere sbagliando
e sorrisi sazi.

Accompagnami dai pannolini,
nello spiffero vento/aria stagnante,
scendere a patti con le occhiaie del passato,
allineare gli oggetti sul rullo scorrevole
comprimendo istantanee d'asilo tra fine cassetto e
tavolo.

Istànbul

Peccato che a Istànbul la pioggia
non fosse come un pene in erezione:
sapremmo come far gli scrosci immensi,
sapremmo come scongiurar le pene
di secondi, ore e minuti a inumidirsi,
come produrre un lampo, un tuono, un dardo,
e poi godersi placidi l'erbetta
di un giardino costellato di gabbiani
al posto dei piccioni, ormai lasciati
a scacazzare nel solaio di don Isaak.

Ogni giorno ogni ora

Ogni giorno ogni ora
comprimo il mio desiderio
contro la tua indifferenza sincera –
l'ora spezzata segue l'ora intera.

Non essendo però mia madre m'hai dato vita

Non essendo però mia madre m'hai dato vita
più e più volte l'hai rinnovata
senza chiedermi di dove fossi uscito
solo scrutavi gli occhi per capire
ma la luce è flebile
di quale zingaro fossi figlio
di quale atomo.

Non essendo però mia madre m'hai rianimato
di fianco a un fosso pesto al cielo abbracciato
m'hai sollevato, respirato
addosso un fiato umido.

Sonetto sulla tua assenza

Da mane quando assente fino a sera
stai, sempre al lavoro dedicata,
mentirei se dicessi che mancata
mi sei, che la giornata è stata nera.

Contemplo spesso assai questa tua assenza
mentre stendo lenzuola e biancheria.
Se vien da dedicarti una poesia,
mantengo dello stile la decenza.

Dovessi dirti in cosa più mi manchi,
avremmo, sì, da far delle risate:
d'agire sembra proprio mai si stanchi

il pungolo a libido trasognate,
che sempre appresso a nuovo scopo arranchi
sognando di tua bocca le sorsate

d'amor: sempreché questo sia l'oggetto,
bensì inteso in un senso un po' ristretto.

Nudo, in piedi

Nudo, in piedi
su la tribuna
mostro a tutti gli slip
e la tua sottoveste
corta frettolosa.

La mia borsa già pronta
il cappotto già addosso
alla resa dei conti
siamo piccoli entrambi
e proni alle spalle larghe altrui.

Pioverà

Girerai per casa con tutte le facce rivolte a sud
ci sarà una macchia sul pavimento
nessuno la noterà
mi sfiorerai facendo il caffè
ti sfiorerò alzandomi per andare in bagno
nessuno lo noterà
passeranno sette secoli
pioverà.

Orologio infranto

Quando ho visto i pistoncini
sparpagliati intorno al gradino
e il cinturino staccato, lasco
ho capito che a infrangersi
– vicino allo scolo dell'acqua fognaria –
era il sogno di un salto doppio con l'asta –
con l'asta svettante –
sopra i miei quattordici anni di ritardo, sette con te,
sette bambini partoriti
di sfroso, dietro la panchina alla stazione,
dove bambina dormivi, stiravi,
grappoli d'uva tumefatti,
paradiso nel letto,
amiche al séguito.

L'orologio del ventunesimo secolo,
palma svettante nel deserto dei paterni valori,
era una ciofeca e mi sono svegliato
gli ho detto che volevo il doppio e mi sono svegliato,
gli ho stretto la mano d'affari e mi sono rimesso al
lavoro e mi sono svegliato –
ho toccato la gelatina e mi sono svegliato,
ho volato sul getto del lago di Ginevra e mi sono
svegliato.

Non t'adulo,
cerco il fluido della dolcezza di sangue,
cerco le formiche sulla tua camicia bianca,
cerco l'angolo della tua ascella, nero,

dove metto a fuoco il cervello se voglio riposare
scansando i fumetti argillosi che mi strizzano i piedi.

L'orologio l'ho al polso, miracolo,
delle labbra tedesche al rossetto non so cosa fare
anche se danno le tette facile
porgendole da riviste improbabili Buche.

È lì al suo posto, in attesa
che io abbia la luna.

Per favore vuoi essere la mia ragazza con la pistola?

Per favore vuoi essere la mia ragazza con la pistola?
per favore vuoi esserlo, vuoi esserlo, vuoi esserlo?

Desidero molto te, le tue gambe veloci e la tua
pistola.

Accidimi
pure
con la tua pitrentotto.

(stanotte ti ho visto che facevi la cameriera d'alto
bordo)

Scovami
fin dentro
le pieghe dei cespugli.

(facevi la Babette per eminenti esponenti della
nullità)

D'ora in poi solo pe'mmia cucinare devi.

Puoi contare su un cuore che picchia come un
pianista
un torace esile, pallido, poco prestante
da offrire allo squarcio del tuo cannone morbido.

Sugo rosso per te

Si scalda e ingrossa l'animo
lo sguardo è ognor di foco
oppure guarda poco
schiacciato dal malanimo

La frase è una sentenza
colpevolezza appioppa
il dialogo s'intoppa
e tocca farne senza

quand'ecco dalle nari
fuoriescon fumi e gesti
sgarbati: sono arresti
però domiciliari.

L'affare si fa grosso
al colmo della stizza
ma infin si tranquillizza:
finisce in sugo rosso.

Il tuo corpo è languido

Il tuo corpo è languido
leggo il tuo sguardo
nell'albergo buio e mi sento perfido
il mio inchiostro è secco il tuo foglio ruvido
nel vagone letto abbracciato a te
il tuo seno è gonfio di pensieri morbidi
penso troppo spesso tra le bianche natiche
si esaudisce in aria la mia voglia che ho di te
monna lisa viva con la voce candida
quando ti ho baciato mi pioveva in bocca
quell'umore freddo, cielo dolomitico
dopo quella sera nulla è stato identico.

Fuori con te

L'impatto degli altri
su di te e su di me
sono sguardi infuocati di vita.
Languidi, velati
di una piovana sapienza
di un sapere perché siamo qui
intorno al tavolo
a parlare
di parole
che non parlano di te.

Per ogni frustata

Per ogni frustata
al tuo iride da preda –
per ogni chiodo
nel corpo dal fianco lieve
adatto a far sfilare la gonna –
sette anni sette mesi sette giorni dopo
m'invade un'ondata di vuoto.

Vorrei chiamarla per il tuo nome
ma il mio dire è comunque assassino.

Potrei non perdonarmi di morire

Potrei non perdonarmi di morire
senza turar le falle del tuo cuore
dei tuoi collant le maglie troppo tese
snellire il tiro.

Senza curar gli spigoli che gli occhi
descrivon tuoi nel mondo abbandonata
con l'unghie avvinto alla più prima pietra
sarei forzato.

E i cuccioli che abbiamo messo al mondo
senza un corredo di forza e di parola
senza una musica in animo io non
potrei lasciare.

Crescendo troppo forte e troppo adagio
rincorro il tempo il libro il vento il tempio
potrei non perdonarmi di morire
senza una traccia.

Polline e glicine

In una nuvola di polline
il servizio da tè in mezzo alla campagna
sempre impegnato, sempre indaffarato
a posso giocarci anch'io.

Nel calcio balilla sotto il glicine
vaghi echi d'inseguimenti intorno al porticciolo
sotto la mia finestra si materializzava
ancora non avremmo potuto oboznaciare
un sogno gestato nove diciannove anni.

Di questo ti serberò sempre arrancore
ancorché malato di cuore
m'hai lasciato giocare a prendersi con voi
facendo finta che c'ero
facendo finta che davvero
benché mi fossi perso il colossale misto di brace
poi defunto.

Quella voglia, quel polline
mi hanno ridato la vita
e continuo
           ad arrancarle
                dietro
fingendomi Maâkovskij benché Pecorari Giuseppe.

Pesche sciroppate all'amaretto

Prendo un altro cucchiaino delle
tue pesche sciroppate all'amaretto;
mi piace giacere al lor cospetto
osservarne la consistenza molle.

Il tuo sorriso sono tante perle;
hai frutti del nocciòlo e del ciliegio:
le mie parole sono un sortilegio:
le frutta tue, desiderando averle.

Adoro il tuo parlare cehoviano
non temi né la noia né il tormento;
scoiattola, che pur parlando piano

permette a sé d'andare controvento.
Le tende tra me e te son sempre tese
finché le carni non saranno arrese.

Pronto? (pàtina fàtica tra tapini)

Guardo il tuo corpo attaccato a te –
gli squarci delle frustate che tu ti dài
– vorrei lui e vorrei te –
e le aureole rosapallido guardano perplesse,
sballottate e come offese.

I tuoi movimenti distratti nel bagno
[c'è un'ottima acustica – tu non canti nella doccia –
dicono sia segno di gioia]
il tuo corpo attaccato a te solo d'impaccio
[a Roma – digono – everibbòdi canta nelladdoccia]
ti guardo e cerco di leggere se il tuo sguardo
[però come siamo freddi noi al nord]
è acceso o spento, ma subito mi pento
[però non facciamo la caccia al marocchino]
la pàtina sui tuoi occhi
[c'è del buono anche nel freddo].

la pàtina sui miei sensi
[c'è del buono anche nella morte]
cera sui miei orifizi
[dentro nella bara non mi scappo di certo]
bambagia sui miei spigoli:
[ben confezionato per il paradiso]
sui miei numerosi uzzoli che non so mai dove mettere.

Sotto questa pioggia
dentro questo frammento di prospettiva ostacolata
so di non potermi disperdere
di non essere passibile d'orgasmo.

Quando è amore la cosa che facciamo

Sei volte al secolo, sette volte
quando è amore la cosa che facciamo
in uno spazio già ingombro di paura
più spazio abbiamo dato al dio caimano.

Quando il corpo tuo ricurvo è un gamberetto
e il mio una maialata colta in fallo,
quando la bocca mi hai toccato, la tua bocca
recondita risorsa in te.

Mi piacerebbe un giorno vederti rivestire
così che sei, senz'altro risciacquare,
per conservare un tempo già maggiore
quell'attimo, quel goccio di sentire.

Quando sento il peso delle palpebre

Quando sento il peso delle palpebre
e gli occhi mi s'inondano di lacrime
e sono fuori, e fuori è buio, fresco
sono contento d'essermi stancato
l'occhio, sulla pagina o lo schermo.

Si riempie il cuore di un tiepido rumore –
sento il piacere di poter tornare
da te, dai tuoi bambini, le creature
di tanti nostri fiati e sfinimenti –
le persone che illuminano il mondo
e noi che lo guardiamo, gli occhi pesi.

E poi che li vediamo, si apre un boccio.

Ramo stralunato

Ramo stralunato, ramo verde
reperto boschivo miracoloso
è spesso un ombrello intorno
ramo vitale
su complicati grovigli di fili
nella cuccia come una bambina distratta
come una bambina e un bambino poco riparati.

Gli spazi ambiziosi tra i fiori di perla
mentre ridevi senza pudore carezze
ridevi carezze
ramo liscio e reversibile
con fossette da gatto.

Reperto d'indipendenza
cuccia-cuccia
dottoressa del trampolino e del girasole
sgomitando dolcemente
ti leggi e ti scrivi sull'asse da stiro
ti leggi nell'odore di stiro, ora intima
selvatico girasole di morbida musica.

Poche poesie scritte sul bianco –
poche pretese –
varia nell'aria, densa melodia –
densa nube trasparente di poesia
incombe gonfia, temporale.

Ricordo lavico

Ho preso a calci il maestro di tango
per tutti quei posti di blocco che metteva in sala
troppi blocchi tutti in una volta per una serata sciamanica
in fondo volevamo soltanto fare quattro salti dove più ci
conviene.

Quando la sua giacca, che giungeva a mezzo metro da
terra,
è stata vuota del tutto
t'ho abbracciato tra gli effluvi del Lambro
col tuo sguardo sfuocato contro il mio sguardo sfuocato
le onde titaniche del Lambro lambivano il pilastro
amoroso.

No, non ti sto criticando –
no, non sto tramando contro la tua vita passeriforme –
no, non sto dicendo che non c'entra, amore,
è solo che il ferro che mi sono trovato nel costato
stamattina
mi fa sempre un po' male durante la polka.

No, non sto venendo troppo presto –
è una donna del pubblico che ti ha schizzata.

Rendendomi conto che devo sempre conservare l'amore
tra due virgole, amore,
se non voglio ritrovarmi un giorno con due pennacchi
e un ricordo lavico che attraversa il cuore battente.

Sfoglio le bozze del prossimo libro

Sul tuo terrazzo con un fiore giallo
il vaso con la pioggia è verde salmo
scorro la riga e in fondo mi sovviene
quando nel tuo abitacolo sto entrando
stupita, che sia sceso con la bocca
a baciare la tua bocca calda asfalto
stupita che la prossima mia mossa
non sia toccarti il seno con la mano
stupita che nel letto non sia entrato
limitandomi in ginocchio a costeggiarlo.
Buona notte. E il lenzuolo ti ho spiegato.

Splendido il tuo sedere quando stendi

Splendido il tuo sedere quando stendi
la biancheria in terrazzo in faccia al mare
ed imperfette le tue gambe e vene
di donna adulta, con le pieghe e rase
le punte esterne del ginocchio struscia
ti chini a prendere un lenzuolo: è rosa
e il seno ti traballa se lo scuoti.
il pesce cuoce lento e le patate
si ammosciano nell'olio e rosmarino
il vino è rosso, causa d'abbandono
di tavole da parte di coloro
che adesso si rimettono alla legge
anche per prendere in mano il cazzo loro.
Nel vaso ritto s'erge ancora alloro.

Risveglio consonante

Mattino, proprio il primo, ancora alba,
la testa sul bracciolo del divano
la tua camicia, larga giù dal seno
sei scesa e mi accarezzi sul sedere.

È lieve la frizione delle pelli:
son come sete e calze e guanti e gocce
e mentre la pressione intorno sale
d'un tratto scende, e trova te, lievito pasta.

Capezzolo e capezzolo non vedo,
non guardo, non ci vedo per guardare –
l'impasto è molle, umido, l'hai fatto
leggendo dentro il tuo moto oculare.

Nell'ombra sfugge e ancor si vede appena.

Lasciato ad appassire

Lasciato ad appassire
accanto alla rosa gialla
tu correvi nuda le tue vene varicose
la tua cellulite
mancanti
dal mio inventario di nuove muse
il gusto di nasconderti
i miei sentimenti basici
è più forte di me più forte del mio
pistillo
quante volte sorpresa con le mani nella pasta di olive
verdi
ma tu negavi sempre
il desiderio di leccare
fino all'ultima goccia del mio
sangue appassito.

Sali sul tram

Sali sul tram – velluto di guan-
cia nasconde la tua pic-
cola,
piccola mano, tendenzialmente pie-
gata.

Le ciocche ora bianche ora nere non si pie-
gano a quello che è stato ed è ancora un na-
so da bambina, con tanto di pie-
goline di sorriso.

Vergine per carattere, non potre-
sti mai ridere a un altro ma lo fai, ec-
come se lo fai, e io sento schiacciarmi l'interno in un
filo che m'
esce di bocca mentre tu lo saluti affet-
tuosa e lo baci affettuosa lo guardo lo uc-
cido è mor-
to trafitto il suo san-
gue deborda dal ciglio e vie-
ne a macchiarmi la vista, l'u-
dito
ma scu-
ra mi scruti e non sai come fa-
re per dirmi di smet-
tere i panni del figlio malato per casa.

Non lo dici.

Tre rapsodie ho compo-
sto sul tuo movimento febbri-
le di sempre, tra i fi-
lari mentre tenta-
vi di non sminuzzarmi le dita di bim-
ba, la tua. Possi-
dérti è impossibile a
bastanza del voler mio: una gabbia?
di vetro, no, un muro? di cinta, no, nean-
che una tenda schiacciante di mer-
cato bastevole è a nascon-
dere di te tutte le frutta rosee, carezze-
voli d'un profumo che get-
ta il mio capo in trottola.

Scom-
pari prima che il tuo ritornare m'av-
volga d'inebrio, ch'io col-
ga nel tuo sguardo stra-
no l'odore di baf-
fi che sco-
pano duri i binari del tra-
m tra scintille.

O io muoio.

Scudiero camarero

In stanza ci s'infila il camarero
saresti ancor la mia nuda ad oltranza
ti precipiti sottocoperta, è vero,
il mio cuore auschwitziano – sento – piange
prima ancora che su te scosti le frange
– di capelli o di bambù – dentro si mette
– poco importa nella fica o nella stanza –
e chissà se ti avrà già visto le tette.

In fecal posa nudo gli sorrido
però vorrei lanciargli uno stiletto –
vigliacco, col pensiero già lo uccido.
Combatter penetrando: il suo piumaggio
è lucido come uno scarafaggio
davanti a sé presenta lo spauracchio
(d'argento è la sua cresta da galletto)
d'inumidirti con il suo sputacchio.

S'allarga: e il suo gesto è un po' da macho;
in mano troppe tazze sul vassoio;
colpo non perde per assessarti un bacio
e intanto chiede se gli do una mano:
gentili quei suoi modi da villano.

Non gliela posso dare, ché ho le mani
posate ai pressi dello scolatoio;
chissà mai se vivrò fino a domani.

Dopo la corsa

Cerco di fare presto, dopo la corsa

mi avvicino alla tua carne bollente di sonno

umida di sogno.

Mi sono già lavato via l'umore mio

e mi accosto a te senza fare rumore

come un felino.

Speriamo che il tuo corpo non si svegli

che la tua mente non elabori la luce

che non ti escano le unghie dalla lingua.

Non riesco a saziare il corpo pretenzioso

se mi artigli i testicoli,

se mi tranci il dito piccolo del piede.

In questo gelo le tue spire

In questo gelo le tue spire

m'ispirano, silicone

sulle mie crepe.

Il tuo occhio troppo marrone

troppo lucido,

il troppo rosso delle tue guance,

la quantità – troppa – delle occhiate

a controllo del sonno.

Benché remota nei modi e nei tempi,

benché votata a una santità che non conosco,

non faccio a meno di aspettarti sempre in un

 cantuccio caldo.

Il passeggino

Il passeggino

cui dipendi

lasci presente come participio

per la mia

accartocciata vecchiaia

sufficientemente alcolica per

badare a me stesso.

Il tuo intervento

Muore ogni giorno una cifra di mio

attesa della tua chiamata a ruolo.

Dibattito: la mia tana in discesa

mi precipita addosso al pubblico;

anche il vino e le tartine alle olive

mi si rovesciano in testa alla gente.

Abbarbicato mi oppongo al disastro

e al bambino dico «non c'è giustizia

non c'è uguaglianza nella calamità».

Ora che mi hai bonificato il viale

pretenderei un massaggio in sala parto

straordinario il tuo intervento cade.

Politkom

Mentre parlo a un pubblico adulto
il Politkom fa una retata
deportato, scappo dal camion
nel triplo doppio fondo della libreria.

Non preoccuparti per me per il giorno dei morti
la tua soglia per me è sempre pane
la tua soglia per me è sempre fiori
forse non ci vedremo il giorno dei morti
meglio così.

Uno su due non si ripresenta dopo la prima
io mi ripresento io mi ripresento io mi ripresento
fra poco si porrà il problema di
come liberarsi di me
e qui entrano in gioco i carri armati di zucchero
me li hai mandati tu per stanarmi?

Causa nebbia

Non mi accompagni all'esposizione

causa nebbia.

Fumo anch'io

e lo sospingo ai tuoi occhi

spacciando centimetri d'adipe

per fascino centenario.

Ci cascherai spalancando le labbra?

Sostienigola

Dopodomani sul tuo piatto di picche gioco il re

rischiando l'azzardo

sotto la volta del tuo cortile fradicio

ti misuro la blusa sul sostiengola

marcisco nella grotta

con una pancia cresciuta apposta per repellerti.

Tagliami i capelli come se fossi un uomo

Tagliami i capelli come se fossi un uomo

non far caso al disordine

se mi noti fango nelle arterie

non t'inquietare

l'amaro che tengo dai bambini

è solo per stingere.

**Cercasi attori per teatro dei burattini e lenzuola
per fantasmi del palcoscenico**

Neo nata sei
neo nata come bambina appena nata
e frettolosa:
parto prematuro della fantasia esacerbata.

Dalla palafitta in riva al mare
fai trottare le tue mandrie di cavalli giganti
impervie criniere dromedarie
grigi busti rigidi e duri come marmo in riva al
mare
mostruosità equine e bovine:
che danno può mai fare la tua gatta
se si apparta distratta
se s'arrabbia e s'arrabatta stupefatta,
tremebonda di fronte a tanta mostruosità
equina?

Come una coppia di scapoli di gioventù
meridionale
corriamo a piedi all'aeroporto
dove colossi metallici volanti
precipitosi
diventano man mano velocipedi a uomo
e – ciao ciao! – ti ritornano in tasca
mentre il pilota complimentato ha la febbre:
una febbre scottante dovuta alla frenata

portentosa in riva al cemento
della quale t'irrighi irrispettosa.

Una vita popolata di fantasmi macroscopici
per ogni dove
dove il matto sono io:
e tu
seduta sugli scarafaggi
sei già guarita da un pezzo:
dove il matto sono io che ti accarezzo e
sanguino
e tu
che mi calpesti ogni mattina
sei una perla di sopravvivenza ostinata e sana
nell'alito di folleamata tramontana.

È il mio disordine inscindibile a farti a pezzi
(canguro sulla sabbia che scotta puntini
puntini)
se ti fermassi
se fossi stufa di depistarti
se,
ne potrebbimo forse parlottare
in base all'articolo sei
visti gli atti
sentite le parti e partorite.

Disoccupazione

Potrei costruire un gasdotto dalle mie narici al tuo
capezzolo
o creare un'autostrada a sette corsie fino ai tuoi denti
superiori:
quando arrivo, busso e se mi apri
ti chiedo un caffè lungo come all'autogrill.

Potrei comprare il biglietto per sette aerei verso est
e invitarti a un weekend di salsicce e di caviale:
tu accetteresti ma poi fingendoti buddista
aspetteresti fuori
dal ristorante dove ti scambierebbero per spacciatrice
di sorrisi.

Potrei accendere un falò e buttarci dentro tutte le tue
ventose
o pettinare tua figlia prima di accompagnarla a
scuola:
quando torno, tu sei chiusa a lavorare e io appoggio
il cuscino
davanti alla tua porta così quando finisci ti spaventi
che sia morto.

Solo perché la pelle tonica giovane

Solo perché la pelle tonica giovane
ha fatto posto alla cellulite, morbida e dolce
solo perché il culetto agile e scattante è diventato
un culo pesante da casalinga
il tuo sguardo vaga perlopiù sotto la cintura
le tue aspettative sono scese sottoterra
e trotterelli talvolta per casa come una gaetana
mobile.

ho peccato per omissione
quando ho pensato che i funghi crescessero sui tuoi
neuroni
ho peccato per aggiotaggio
quando mi sono rammaricato di non poter più
visitare il tuo intestino
ho peccato per claustrofobia
quando al pensiero di non potere più spruzzare il
mio sperma sul tuo viso
ho pianto a dirotto
ho peccato per pedofilia
desiderando sodomizzare la figlia della portiera
che me l'ha offerto su un vassoio d'argento
ho peccato per accidia
quando pensavo che la prima copia del libro fosse
dedicata a te
che te ne importasse.

Ma tu sei sempre lì a prevedere cosa ti servirà
quando avrai finito di bere il caffè

il tuo intero reparto ricerca e sviluppo si concentra
sulle applicazioni interattive
del lavaggio della tazzina in tempo reale
e del metterla a scolare appoggiata sul piano di scolo
con la goccia che evapora e forma una sauna per i
pidocchi.

Potremmo teoreticamente ancora prenderci per il
culo
ancora sentire il turgore della seconda volta quando
mi dicevi di fare il giro completo della corsa del
pistone

perdonami Adoni per tutto il seme che ho disperso
sul cuscino

speravo con ottimismo ormonale che la fragranza di
eau de semence contenesse feromoni adeguati

sono andato a porcini
potrai mai perdonarmi l'*amanita phalloides* che ho
cogliuto per sbaglio

Esci con un'altra stasera

Esci con un'altra stasera
compongo il mio corpo affinché nulla trapeli
pieghe piegate di spontaneità indosso
con nonchalance al séguito delle spalle troppo
squadrate della tua giacca
sei tracotante di gioia trattenuta
mentre fingi di costernarti per il deserto del desinare
t'abbraccio con stringimento cercando d'intrappolare
il tuo profumo
bastarmi tutta la sera
col tè a portata di tastiera mi concentro sul nulla
pregustando l'espressione didattica che nelle prove
mi riesce bene
un umore qualsiasi, da incasso
la tua faccia radiosa rillumina i lidi abbandonici
c'è odore di ragù
e di pasticcio di lepre.

La tua collana di foglie

La tua collana di foglie
tutte indicano la tua guancia rosea
è inutile che ti nasconda
lo sappiamo che sotto quella patina di rabbia c'è una
bambina
e il muro
l'ultima foglia sopra il cuore
m'hai rubato la blusa di quand'ero piccolo
voglio toccare quella giacca nera e celeste
che portava mio padre
intravedo il suo amore nei tuoi occhi
intravedo la mia liana tra le altre liane
non posso scrivere poesie sulla tua grotta
è la grotta della poesia
è il tunnel dei nostri sguardi amorosi.

Cosa vedevo di fronte a me

Cosa vedevo di fronte a me
così sfacciato, irruente
non sono sicuro di me
sono un cane un po' timido lanciato su un pezzo di
carne succosa lasciato sul davanzale.

Ti conosco da sette anni ebraici
imbarazzato dalla rapidità dell'intesa,
amica.
posso sbavare in silenzio
posso non sbavare
posso scrivere la commedia umana a quattro mani
posso scrivere un romanzo porno
o un'antologia della poesia ebraica.

Non ho mai smesso di ascoltarti
fino all'ultimo gradino
fino all'ultimo granello di vita,
t'ho rubato
ce l'ho in tasca
sei tu il mio sassolino nella scarpa
ti conservo volentieri
non ho voglia di correre nel buio pensando che non
ti rivedrò
preferisco aspettare.

Scavo un tunnel sotto te

Scavo un tunnel sotto te
sotto i tuoi vestiti ufficiali color crema
dietro i tuoi occhiali da premiata occhialeria del
centro
sbuco in mezzo ai muretti di sassi, all'erba spossata
in mezzo alle colline mai abbastanza baciate dalla
pioggia.

Piango copiosamente della tua stranizza d'amuri
commosso della tua distanza
commosso della mia distanza
così lontani ma così vicini
stringimi la mano amore mio mentre dormi
non voglio volare via nelle nuvole
me sentu
stranizza d'amuri
lucettule.

Sette e diciannove aemme

Unico coraggio della mia vita
prima delle sette e diciannove aemme
quando corro nel mondo senza pudore –
nebbia complice dei miei conati –
rabbia sbuffa dalle ciminiere del mio naso/della mia
bocca.

Non sorprenderti di trovarmi sempre qui seduto a
compilare moduli
d'ammissione a questo circolo/a quell'altro –
stamattina il mio treno ha fatto andare gli stantuffi –
correvo verso te, contro te, oltre te
sperando di raggiungere le nuvole col salto.

Se ti telegrafo che t'amo
sarà un'interferenza.

Simpatetica

Ho provato a fare le vasche
nel tuo allevamento di squali –
speravo che tu stessi a guardarmi dagli spalti:
mostravo il dente affilato.

Le mani a lama
affettavano brani di membra che invadevano dalle
corsie adiacenti –
stronfiavo trionfale col mio nasino piccolino a inizio
vasca
pretendendo che il ritmo del primo minuto fosse
spalmabile.

Non preoccuparti delle dentate –
sono carezze se tu mi guardi –
sono carezze se tu provi dispiacere con me –
se mi lecchi le ferite.

Stàlchera

Anche se estrai la tua pistola
e presto la userai contro di me,
sebbene i passeggeri in piattaforma
– attaccàti ad appositi sostegni –
laddove non si può sostare sostino impudenti in
piedi
come rami al vento
e tu tra loro frusti un varco a destra e a sinistra di te
verso di me
e io sono sdraiato sotto te
dove i tuoi tacchi taccano
e gli speroni tuoi sonagliano
e presto
– oh, invero tu non sai quanto presto! –
giungerai al mio corpo come una stàlchera
e io, come ogni venerdì,
ti lancerò i miei quarantacinque coltelli
e tutto il mezzo pubblico pullulerà di vittime civili,
anzi sebbene dalla tua magnum esca già un colpo
due colpi tre colpi
– anche se, per amor di precisione, non sono ancora
giunti al mio torso –,
(lo so, in bicicletta,
per la spesa ci vuole il sacco bianco,
una questione davvero di oscillazioni:
ti prego di tenerne conto e di dirlo anche alla
cassiera),
(sai, nelle giornate magre come stamattina ti darei
volentieri un bacio:

supponiamo non girassimo armati),
non è altro che un frammento,
un frammento, amore mio.

Rimparo

Rimparo a vestirmi ogni mattino
e a spiegarmi le giacche arrivi tu:
mi spieghi le giacche e mi spieghi le calze
mi spieghi che sono minuscolo
così quando cammino non ci penso più.

L'armadio dei vestiti è un labirinto sprofondato
chissà dove nella mia mente. Le magliette
sono in pila sopra il mobile di legno:
quando ne sfilo una, una valanga
mi travolge.

Le camicie che mi stiri
ripongo nel cassetto, ma quando devo metterle?
ho letto l'etichetta/non c'è scritto
le lascio nel cassetto fino a che non me lo dici tu.

Rimparo a vestirmi ogni mattino
e a spiegarmi le giacche arrivi tu:
mi spieghi le giacche e mi spieghi le calze
mi spieghi che sono ridicolo
così quando cammino non ci penso più.

Carbonara

Il tuo popolo s'aduna sotto la lastra di marmo
che fa da tetto al cancello.

All'ora prestabilita l'agente dormiente mi telefona
per farmi camminare a zonzo per casa
mentre Greta Garbo spalanca l'ombrello bianco
coprendo la ritirata dei portatori di handicap:
gli unici che salutano, sorridenti.

Sono al telefono, non posso
salutarti normale, solo un accenno
mentre tu sfrecci da corridoi prepreparati,
da cunicoli segreti, da anticamere
riservate.

La truppa s'avvia sotto la pioggia impavida
– io sono ancora al telefono, sotto la pioggia pavida
–

e la pioggia non bagna, non costituisce
prerogativa per pantofole, ma anzi
l'attrattiva maggiore della pizzeria con affogato
incluso.

Quando torni ti accerti se sono ancora vivo,
o cadavere giacente-su-divano, sporcando
la pelle color ghiaccio.

Larve di toro

Quando ti passo accanto sento un gran calore

non ho mai bisogno di te

tranne quando ho bisogno di te

vedo dai tuoi occhi di manzo

un'incrinatura di carattere

ma sapendo del tuo digiuno penitenziale

non vorrei fossi vergine

non vorrei sbocchi di sangue vicino al lavandino del
quarto piano

invece di portarti il cioccolato

ti porterò larve

larve di toro.

Comunque non ti serve la mia chiave

Comunque non ti serve la mia chiave
fuori con le amiche
comunque non ti serve la mia chiave
perché rientri dalla tua porta personale
l'amica partigiana e l'amica clandestina
il medico di base e la maestra di canto
fuori per la conferenza di shuttledore
chiusa per restauro
ho preso a ceffoni l'unica speranza di carezza
il medico di base mi ha lasciato bombe atomiche da
   deglutire
per aiutarti a risanare il deficit affettivo
spesso sorbisci birra fredda in boccali di vetro
mentre sorbisco tisane contro i dolori delle donne
rientri comunque dalla tua porta personale
quindi non ti serve la mia chiave.

Sicario vicario (senza virgole d'esitazione)

Per te sono disposto a uccidere una parte di me.
Per te sono disposto a uccidere una parte di non-me.
Cala i tuoi ordini ma sappi che li eseguo.
Cala i tuoi ordini ma sappi che sono detti fatti.
Non sopporto gli spargimenti ma per te schizzo
sangue ovunque.
Non sopporto gli spargimenti ma per te sono
disposto a sgozzare.
Certifica la mia fedeltà con sigillo di piombo fuso.
Certifica la mia fedeltà con aplomb da precario
svizzero.
Per te infrango il codice penale.
Sono un'arma letale in mano a te.

Espero ma non tropo

Non vorrei che a sfiorarmi le labbra aspettassi domani,
quando ti passa l'imbarazzo della prima volta,
quando la morte m'ha un po' spolverato il cranio:
non vorrei che aspettassi,
no.

O forse hai paura che saliva.

Vedo coppie – anche nel formato extralarge da noi prediletto –
vedo coppie palparsi nel bar – anche nei posti d'angolo più in
vista
e succhiarsi via la bocca senza volgarità – per amore,
solo per [frammenti di] amore.

Lascia che – senza chiederti prestazioni ravvicinate del terzo
tipo –
ti prospetti il catalogo dei desiderabilia amorosi:
alcuni sono frìuer,
li possiamo scaricare senza patemi,
li possiamo scaricare senza bonifici,
forse ci si potrebbe allargare il sorriso a dismisura.

Non strapparti i capezzoli se qualcuno vuole da te.
Non lasci desiderare, ma: Làsciati desiderare.
Il desiderio su di te non incombe come Jo Condor che i tuoi
brani
vende in comodi fascicoli settimanali.
Il desiderio su di te scalda le tue quotazioni.
Il desiderio su di te fa impazzire le mie lancette quadranti.
Il desiderio su di te sta bene dove sta.

Conto

Conto i giorni da quando hai smesso di lanciarmi i coltelli
e di ammorbidire il mio pene tra i tuoi tartufi da chilo.

Conto i giorni da quando hai cessato di lanciarmi bussolotti a
spillo
in piscina quando nuoto troppo piano
o quando faccio la rana apparentemente troppo accosto
alla zona depilata del mio prossimo.

Per sottacere che il mio prossimo ha una zona depilata estesa
davvero
e inguaribile nel cloro fitto. Frammenti di cera giungono
fino al mio occhio sinistro provocando catastrofi a valanga.
Anzi a cascata.

Conto i giorni da quando hai tolto le cimici dalla mia linea
bianca
— le cimici hanno poi liberamente deciso di trasferirsi sulla
criniera di Silva —
preferendo entrare con la parola di accesso che hai sempre
saputo,
trattandosi appunto della data del nostro anniversario quando
il tappo del lambrusco t'ha fatto perdere la verginità.

T'ho lasciata al computer che scrivevi

T'ho lasciata al computer che scrivevi
ogni tanto girandoti, domande
che comunque non uscivano, sembravi
nel testo del miracolo assorbita.

Al mio ritorno al colmo t'ho sorpresa
di esitazioni e di una mano stanca.
Un bacio e sopra la tua pelle bianca
si son posate tante fragoline.

Non posso averle intercettate tutte
ma ci ho provato. E mentre tu guardavi
incredula che un uomo sui tuoi campi

di fragole così s'intrattenesse,
aspettavo la mia parola al varco.
Il cielo fu squarciato da un lampone.

Vergine smisurata

Vergine smisurata
e del musetto
con occhi di maglia
giovane, e svestita.

Volo alto

Volo alto
e vedo solo poesia, solo lettere
– non che mi costi poco –
e ignoro la bestia dentro,
fuori di me che si dibatte:
l'emergente/il rampante.

Lavoro serio fino alle quattro
e poi volo alto sulle masse indigenti.

Ma il mio castello crolla e la sua torre
e tutti i libri appesi agli scaffali,
scoprendo che solo dentro le tue ali
il mio cuore vola alto come un falco.

icsicsiìcs iìcs emmeemmeiì

Dopo averti rincorso per diciassette chilometri in
direzione Casalecchio di Reno, virgola,
sei sempre lì che scatti avanti come su
un'apostrofo'urna greca
oggi, virgola, ventinove settembre, virgola,
dichiaro di non essermi arreso e di continuare a
sbanfarti dietro come un tacchino, virgola,
trattino medio – le labbra sparse di odore di
gamberetti – trattino medio
a squinziarmi dietro te come un turbocompressore
cardiaco truccato, virgola,
trattino medio – le mutande aulenti, virgola, turgide
come una Buick grigio topo – trattino medio
ancora provo per te un senso di vuoto incolmabile,
virgola,
ancora provo per te un trasporto eccezionale,
virgola, un tir di baci baciosi che nessuna lingua
potrà mai tradurre in un testo coeso, virgola,
coerènte, virgola, restando per sèmpre
un lànguido strazio di animali striscianti e inferiori
sul marciapiedi perché non ho tempo di guardare,
mentre ti annaspo dietro. punto.

Il solo pensiero di accostarmi a te, virgola,
il solo pensiero di vederti uscire di casa con la giacca
verde col triangolo maledetto, virgola,
trasformano me in uno scimmione impotente,
virgola,
in un lacrimoso lamento, virgola,

in una gola lacerata da suoni usciti di traverso,
virgola,
in una gola al sangue desiderosa di sanguinare di più
per sgonfiarsi e fare la fine di un palloncino. punto.

Kalpestami i testikoli se kredi, virgola,
ma il giorno che decidi di pedalare fuori dalla mia
vita, virgola,
dimmelo prima, virgola,
che m'innesto un ramo di fragoline di bosco, virgola,
che mi faccio una flebo di lambrusco frizzante,
virgola,
che mi faccio scoppiare il cervello con un incubo al
gusto di alchermes. punto.

Non posso certo dire d'apostrofo'amarti
posso solo farlo.

Imbastimento

Ho imbastito la tua relazione
con un filo bianco su fondo scuro perché non si
vedesse troppo
e ora giro con l'orlo provvisorio:
tutti mi guardano, tutti mi dicono
guarda quello come va in giro
ha imbastito una relazione
se ne va in giro con l'orlo tutto provvisorio.

Ho imbastito l'odore del tuo alito di treno
con una lingua corta perché non sapesse d'umido
e mentre tu facevi quel movimento che mi piace
tanto
e che fa du du du du du du du du du du du
ti sono venuto addosso che nemmeno mi ricordo
quanto è stato bello
sembravi una professionista del mio piacere
eri una professionista del mio piacere
t'ho amato per questo.

Sì lo so detesti le parole sdolcinate
sì lo so sono troppo effemminato per i tuoi gusti
sì lo so non devo disturbarti mentre rutti davanti alla
partita
ma sei un santo con le areole
e io venero il tuo spirito santo
lo venero e lo lecco.

Noncoccola

Mentre guardavo il triangolo nero nel triangolo
bianco
pensavo d'esser redarguito, rintuzzato
ma tu mi guardavi presbite, lesbica, stitica
con un piede già fuori dalla finestra.

Non sapevo d'essere a nanna con una professionista
nonbacia, noncarezza, noncoccola
ma a me è piaciuto baciare il tuo culetto infantile:
m'hai dato l'ebbrezza di cavalcarti.

Così ringraziavi me ringraziavo te ringraziavi me
ringraziavo te
– la fica più pulita del Mediterraneo e dell'Egeo –
t'ho persa proprio quando t'ho capita:
il colpo di grazia piegando le lenzuola.

Quand'ormai ti davo per perduta
hai uscito la faccia uscito un sorriso
dove meno te l'aspetti.
Il resto è storia.

Ti mando un bacio

Ti mando un bacio,
asciutto sulle tue labbra asciutte e poco respingenti
che un po' scivola, un po' s'inabissa sotto i tuoi piedi.

Ti mando un bacino,
è lecito se anche tu domani sei in partenza,
ti mando una busta di bustine di sale e bustine di
zucchero:
superstiti dei nostri tavoli famiglia:
un posto per ciascuna bambina, uno per il mio
guscio.

Ora preparo un piccolo baule
per il tuo zaino caraibico.

Anche se ti nascondi dietro gli occhiali scuri

Anche se ti nascondi dietro gli occhiali scuri
e ti appoggi con le braccia al ponticello di legno
dolorosamente so cosa c'è sotto
spietatamente so cosa c'è dietro
prendo il carrello e trapasso gli scaffali
dietro gli zucchini vedo te che prendi wasabi
benché alcuni chilometri di collina-montagna più su.

Gli sguardi del bancalista sulle tue calze color panna
gli sguardi del magazziniere sui tuoi stivali da farwest
mentre acquisto arance a zeronovanta e clementine a
unoeventi
casalingo compulsivo a casalinga inquieta
cercasi preferibilmente ore pasto
astenersi spesso causa impraticabilità della linea.

Mi guardi come una sirena

Mi guardi come una sirena
dal bordo della tua piscina
e il tuo sorriso mi dice «pane e olio»
e il tuo sorriso mi dice «sono dolce».

Cedo subito al tuo richiamo
allo spazio tra i tuoi denti
e ti bacio all'aeroporto in mezzo alla gente
ti bacio e ti prendo per il fianco.

Marito proibitivo

Da dentro di te
osservo il mondo intorno e so che esisto.

Cosa cercare

Cosa devo venire a cercare da te
ora che non è più amore quello che facciamo.
Quali abbracci – quali incroci sono giusti per noi –
quali scherzi – quali parole sono adatti all'atmosfera
coniugale.

Se t'accarezzo una guancia,
è quella che per te porta al calore,
per me al bollore.

Se t'accarezzo la gamba,
segue per me naturale anche l'ascella
ma dal cespuglio
tutte le lepri si sono dileguate,
è rimasta soltanto la tana vuota.

Se t'accarezzo i capezzoli,
quella per me è l'antenna di tutti i ripetitori –
siamo in mondovisione – i riflettori sono tutti accesi,
anche lo spot.

Se t'accarezzo i capelli,
il loro flusso mi conduce alla tua bocca,
i ricci suggeriscono di tornare e ritornare sempre
nello stesso punto,
ma tu stai già scrollando la tovaglia.

Non posso svegliarti al mattino presto

Non posso svegliarti al mattino presto infilandomi sotto le
 coperte
manca l'umidità dei tuoi peli
manca la voglia d'infilzarti come una pollastra
allo spiedo
la radiosveglia è sintonizzata sulle notizie di borsa
lo spread è sceso ma non è ancora abbastanza basso
perché io possa calarmi nella tua dimensione
i germi patetici della tua vagina dentata
cercano ogni volta di mordere un pezzo di prepuzio
ma io resisto perché non cedo alla normalizzazione
sindacale-rabbinica
preferisco conservare energie e smegma per gli incontri
 del dopo dessert
dove allungo una mano sul tuo seno perdendomi nel
 morbidore della tua vita
sei la mia unica droga, pesante
tengo l'ultima goccia della siringa per quando avrò
 l'ultimo sospiro.

Per un pulviscolo nell'occhio, non finire

Per un pulviscolo nell'occhio, non finire
l'intero caricatore contro l'essere
che di mercoledì e di domenica quasi ti garba.
lunedì piove
su di me su di te su di tutti con tergicristallo
siamo sempre stati sotto lo stesso ombrello teso
i princìpi sono sempre difficili ma
sull'erba in primavera si può fare anche l'amore.

Aspettare la pizza tirolese sul tavolino sul prato

Sono le sette e il sole di luglio è ancora alto
il sottotesto della mia visuale
del mio parabrezza umano
è il piacere della casa sulla pista ciclabile
il piacere dell'orto
il piacere della spesa di cetrioloni
il piacere della spesa in bici coi bambini
il piacere morboso della produttività mattutina e
meridiana
il piacere della montagna e del mirtillo
un mirtillo spiaccicato nel libro
la panna montata sui pantaloni alla zuava
i maglioni in saldo
è lì che ho ritrovato la riproduzione dell'infanzia.

Regina del paletto

Regina del paletto
principessa del paracarro
spiderwoman senza frontiere
mi appello alla tua fotoconducibilità
esco la sera, ora, anche se per poco
sapessi i tassisti come m'invidiano
se il tuo cervello fosse corto come la tua auto
se la tua coscia avesse il diametro di un prosciuttino
se le tue trecce arrampichevoli e le calze bianche al
polpaccio.

Non abbracciamoci più nello spartitraffico
ho un debole per gli spifferi ma le pifferaie non le
comandi
non sei intervenuta alla prestigiosa presentazione del libro
dello Zohar
ti ringrazio per avermi dato un passaggio in canna
il mio inestimabile patrimonio onirico
con la connivenza di Sigismondo e Adelaide
non spifferare tutto alle amiche
fai da tramite tra me e il meraviglioso mondo delle
sbarbabietole
l'ebreo errante con il microfono in mano
non posso perdere un minuto della mia preziosa esistenza
c'è un posto vacante da interpretante al bar sotto casa
assumilo: te ne sarò grato
non ti ho invitata perché temevo che mettessi il vestito
con le tette
quello con la metafora della vita.

Se ti vesti al mattino

Se ti vesti al mattino
e t'accorgi che il tuo reggiseno non è più ripiegato al suo posto.

Se t'inquieti e m'informi
che lo sporco e l'usato si mettono via in lavatrice non già
sull'armadio.

Se io già sono prode
che quand'anche distratta tu sei dal lavoro o da brighe di nervi.

Dopo anni e decenni
nella copia di curve e di mani palpabili a iosa.

Non ti lascio in disparte
ma sospingo con tutta la forza il tuo corpo al mio contro.

Devi solo pregare
la tua stella, la «è» molto aperta, su e giù per i picchi.

Devi solo versare
trenta lacrime e accendere un cero al tuo monte rapato.

Devi solo gioire
ché materia sì nobile tale che i figli tuoi riempie

si depositi ancora
sui tuoi slip, non già sopra di mille sirene sul ventre.

Sfiorare sotto le lenzuola te

Sfiorare sotto le lenzuola te
come parte del femmineo langue
interferenze di tela e di telo
preferenze di posa e di riposo
tra corpi radiazioni
di veglie di sonno scoperto
rincorse di sogni di assenza sospesa
alla penluce delle cifre cifrate
sono i pensieri calvi della distanza.

Palloncini ai tuoi orecchi si gonfiano

Palloncini ai tuoi orecchi si gonfiano,
scivolate volute di stile.
Ai tuoi minimi attacchi di bile
le mie fini lancette s'impennano.

I tuoi modi assai spicci, demotici,
le tue scie, più che scie sono spire
perché piccola vuoi apparire
tra apparenti cordiali nevrotici.

Adelaide m'aiuta da orfano
a trovare radici affidabili.
Negli scontri con pelli di scorfano,

con simpatici sessi abbordabili,
la saliva che è nella tua gola
è una parte di me: sei la sola.

Quando soffri per me, bvutalone,
io ti amo e ti voglio per me.

Tu sai bene qual è il mio tallone;
il tuo stile è un po' frutto di me.

Mutanda

Rivoltato come un calzino
o mutanda
mi sono fatto strada col machete tra foreste di
mojito
d'umore un po' spritzato
dentro le stanze caipirinha-trasformate
e i neuroni sconnessi e riconnessi
da relé di polvere, di cemento, di mattone
spezzato
nella stanza di Barbablù.

In quarantasette ore di spari rasoterra
nessuno è risparmiato
nessuno è salvato dai tuoi
proiettili a espansione a dilatazione differita.

L'anestetico era finito e tutti ci siamo
vegliati giorno e notte senza Taboo senza
riporto:
spiegare weekend senza dire
Deiva Silva Indice glicemico Amarene
«Io...»

Andželo

Sei un angelo venuto dal fango
ti volti a volte perché pensi di
averne ancora incrostate le ali
ma invece sei più pura e più pulita
di quanto dicano i tuoi retrocoscia venosi
i tuoi piedi induriti
i tuoi peli appuntiti
i tuoi gridi scaltriti.

La polvere magica che
esce
dalla tua bacchetta
dalla tua bocca
dalla tua pancia
tutto pervade.

Sono in sogno con tutte le donne al mio servizio poi
la mia vita è un orgasmo solo tuo.

Le smagliature del tuo seno

Le smagliature del tuo seno
così bene posso capire solo io
dalla scollatura della maglietta a V verde militare
troppo giovane per te.

Le venature delle tue gambe
le costellazioni di capillari scoppiati
chi meglio di me che le ha viste nascere
chi meglio di me che le ha viste crescere
può conoscere-apprezzare-venerare.

I giovani corpi che ti danzano intorno
gli sguardi luminosi che ti ronzano intorno
le bocche vogliose che ti sciamano intorno
sono turgidi, sono gravidi
ma mentre amoreggi con loro continuano a passarti
le immagini di te
mentre gestisci le mie voglie.

Ti amo può questo amore

Ti amo, canzone:
ti ascolto ancora mi dai brividi.

Ti amo, fiore:
posso accarezzarti senza farti appassire.

Ti amo, donna:
dopo vent'anni sei la mia bambina.

Taxi driver

T'assisto passare dalla luce lampeggiante all'ordine
del giorno.

Le tue proposte oscene di primo mattino soddisfarei.

Parto per Padova senza ritorno.

Vendo maschere di carnevale alle suore di clausura.

Il tuo corpo nudo resta senza attributi.

Già invisibile.

All'alba andremo in gita coi panini

col vino rosso

col sigaro e il cognac.

Due depilazioni

I
Ti sei strappata i peli a uno a uno
– polpacci compresi –
mormorando ogni pelo ahi lo faccio per te ahi lo
 faccio per te
(non lo facevi per me perché a me piacciono attaccati)
sei uscita le mutande altissime sopra il panetto
ho ammirato il tuo scodinzolo
tra fili di biancheria stesa.

II
Hai estirpato ogni pelo polpaccio/internogamba
per agevolare lo sciacquettìo intercòscico
e hai pedalato:
tracce di tuoi umori sull'asfalto del resto pulito
serbano il tuo dienneà
tua moglie intanto si bèa
accanto alla boa.

Accetta ancora se puoi il mio corpo

Accetta ancora se puoi il mio corpo
magari con lo sguardo della coda dell'occhio
tre volte sette strati di pinguedine
il tuo occhio ambreo piegato dai sorrisi
la sua vita circola ancora disturbata
tra le femminee cure èmpiti di accoglienza
ancora turgido il suo alito etilico
relativamente acrobata la tua capacità d'assenza
a primavera sbocciano le minigonne
del mio spirito.

Ero un uomo e mezzo

La tua coscia distesa accanto a me
– non lo sa –
e le mutande nere che per te sono soltanto
divisa serale.

La tua morbida pancia spunta di là
– solo ciccia si crede –
e la canotta da cui sfili – caldo – il reggiseno
mi sono preziose.

So apprezzare le tue beltà – per te scarto –
quando ti penetravo pur
senza una tua presenza ogni mattina:
ero un uomo e mezzo.

Dammi la mazurca

A meno ormai far posso della – urca! –
tua bocca per settantaquattro ore,
ma dal tuo passo a tempo di mazurca
non chiedermi, ti prego, di partire.

Le – grazie! – tue racchiuse in un vestito
ondeggiano con me di stanca sera,
tra ritmi sincopati e un testo trito
che danno consistenza di balera.

È d'oboe l'usata tiritera
che immobile scandisce le battute
e col passar del tempo sempre fiera

le spire su quell'ultime battute
delinei con la tua testa nera;
direi che te le sei proprio volute.

Perdona, senza te fa male al cuore:
senza mazurca più che senza amore.

L'interpretante finale dal tuo macellaio

Ai margini del campo visivo
chissà perché convintissimo di avere diritti retroattivi
per sempre privato del tuo passato
mi sento tradito ogni volta che Pork raspa nel torbido
quando Barone Grosso inebriato scivola le mani
mi esplode grosso un ricordo nel tinello
le ferite di mio padre bavoso nell'ombra
le tue pesche all'amaretto troppo piccole
troppo piccole per tutta la vita di prima
troppo vicine al prosciuttone abbronzato di
 Superman
finalmente mi bastano
cosa farei se offerto di albicocche e di coppe
lumaca bavosa sul tuo seno minimo
nemmeno un foglio sono riuscito a infilarti nella
 fessura
nemmeno un figlio o due gemelli vuoi da me
prima che riceva l'interpretante finale dal tuo
 macellaio preferito.

Senza secrezioni

Tuta la vita insieme
senza secretioni: questa
l'aspetazione physiologica
della vostra coppia, di fatto.

C'erano un tempo pretese
di verginità: ora il colesterolo
ha preso il sopravvento.

Per questo mi sento
– di più, mi sembra logico –
che il mio augurio sia biologico:
senza secretioni.

Traballante

Traballante,
mezza svestita,
chiami «popà»
che lavora di là.

Vieni di qua
ti accomodi tra
le mie braccia che
per te sono un muro
da spettri del sogno.

Ti scrolli dal sonno
in braccio a popà.

Un leprotto sveglio con le orecchie vigili

Un leprotto sveglio con le orecchie vigili
il tuo corpo a me sembra mastodontico
mi domando a volte come puoi sorridere
come puoi sapere con quale espressione
in un ciclo precedente dell'azoto
i tuoi geni hanno guardato a questa tavola.

Quando non c'eri anch'io non c'ero
e se c'ero ero di certo incompleto
quando sei comparso eri tutto nero e non respiravi:
nonostante tradizioni di falsari
i miei sensi e i miei sentimenti son stati veri
dopo tre minuti sei già stato adulto
molto più di me perché quando sei veramente
grande
cominci a esserlo fin dal principio.

In principio era Emanuele.

Papà pesante

So che sono un padre assai pesante,
son sempre rabbuiato lì a far cose
a volte chiare, a volte misteriose
che servono un po' a me ma un po' anche a te.

E quando vieni dentro vagheggiante,
sperando che il lavoro presto smetta,
che fuor la testa dallo studio metta,
mi sento dentro ancora più pesante.

E quando son finite le lezioni
e ti vorresti in ozio stravaccare
arrivo con trecento indicazioni:
progetti schede compiti letture.

Nemmeno alla tivù ti do una tregua:
con l'ossession del fatto culturale
voglio che solo in lingua originale
i film coi sottotitoli tu segua.

Sono il padre della raccomandanza
se c'è d'andare al mare non c'è mai
e se c'è da decider la vacanza
si porta penne, fogli, calamai.

Lo so, sono pesante, ho l'ossessione
del tempo che ho perduto adolescente:
lo so bene che tu non c'entri niente,
sei vittima di un'altra situazione.

Voglio però che tu sappia per certo
che quando poi vai fuori e resto solo,
col pensiero alle vostre voci volo,
mi sembrano un piacevole concerto.

Come Orlando, che a volte è assai furioso,

mentre altre è in cuore innamorato,
se certe volte sono un po' scontroso
certe altre senza te sono spacciato.

Mani delle mie mani

Sei sparita con l'Orient Express
neuroni dei miei neuroni
ti ci ho posato e sono sfrecciato via
tra ali pedonali abbacinate.

Passeggi nei vicoli preslavi
piedi dei miei piedi
contemplo la tua capanna
da sotto la rosa osservo te.

Vaghi per funicolari
sangue del mio sangue
la mestizia ti spinge a cambiare
il biglietto con l'altro.

Sul divano a guardare
sul divano a dormire
contemplo la tua assenza:
pelle della mia pelle.

Sul trampolino di Trento e Treviso
verso il mare di Giulia
ti lanci e ancora non sai
quali pompieri, se
protenderanno le mani
mani delle mie mani.

Un bacio

Sono sette mesi che desidero
da te un bacio –
non per forza bagnato, non per forza
batterico, virale.

Molte cose virtuali ci apprestiamo –
il tuo corpo
è concreto – o lo sarebbe, se tu
fossi toccabile.

Dilaziono quotidianamente le
mie pretese basse –
ogni ora ogni minuto combatto
per sorridere

a dispetto del disperato afflato.
Ma il sorriso
mi esce sgraziato, come uno sforzo
per non sanguinare.

Non c'è mai tempo per fermarsi un giorno –
doveri alti
ci deportano verso mille azioni
di supporto.

Sulla spiaggia quando c'incamminiamo
verso il Mare
forse avremo avuto ancora un attimo
per parlare.

Sopravvivere

Per me vivere è sopravvivere
sopravvivere è toccare te –
la distanza misuro in centimetri
in ricordi da un po' rinfrescati.

Per me il sesso è per forza l'amore
ed è amore anche se non ci sei –
anche se sei sul fianco e ti annoi
se il tuo corpo separa me e te.

Non è come pensi uno sfizio
o un servizio che esigo per me –
è uno sforzo per morir domani
e non oggi – che è quel che farei.

Inconoscibile sposa

La notte – luna tra le nuvole –
l'aria si fa sempre più spessa,
appena un soffio – primavera
governa – né son più ubriaco.

E ogni notte, mentre dormi,
a cento stanze di distanza,
accendo lumi di ogni tipo –
son come fuochi segnaletici.

Si senton ragli nella via,
di donna un urlo si risente,
colpi di pugno alla lamiera,
singhiozzi urlati – rutti sordi.

Ed ogni notte ho una speranza
nascosta in fondo alle lenzuola,
una speranza ben riposta –
in fondo al ciclo della luna.

Il corpo nero della sposa
(o è solo un sogno che mi appare?)
con la camicia a mezza coscia
da quella porta appare in sonno.

Virginea, adagio, barcollante,

da oltre i libri m'intravede
profumo e nebbia digradando,
scosta il lenzuolo del mio letto.

Antichi umori mi sprigionano
le sete elastiche sul corpo
le cosce morbide mi sfiorano,
il seno molle mi accarezza.

In ceppi per lo scambio intimo,
l'occhio non riesco a dilatare,
e con la lingua il collo avrei –
ma con la lingua – sai – non posso.

Ogni mio poro è aperto al mistico,
sono sconvolto in ogni muscolo,
e tutte le anse del mio spirito
vibranti ancora si rimischiano.

Quella che prendi per ginnastica
per me è discesa nelle viscere
per me è salita sulle nuvole
e tu mi elevi sopra gli angeli.

Nessuno è in grado di donarmi
la quiete pura, morbidezza,
che un tempo davo per scontata –
la pena oggi ho riscattata.

Fede-afflizione

Sono già sveglio e s'accumula l'alba,
come farò a far passare 'sto giorno?
Strette finestre. E all'interno – una diva –
dita sottili posate su tela.

Quando ti ho amato sapevo soltanto
trafiggere la lacrima del tuo sguardo.
Ero per via, che il dolore mi abbatte,
ma sana eri tu nella tua differenza.

Riccioli cadono sopra le stoffe –
lavora certo da tutta la sera.
Pallide guance da sogni a occhi aperti,
canta una voce che si va spegnendo.

Che posso fare? Il tuo sangue scarlatto
mi accende e dentro mi sento un leone.
Tu la mia unica fede-afflizione –
fede-afflizione non essere te.

Amore eterno, femminea costanza –
via da mia madre e mio padre fuggivo…

Giornata a Genova

Con gli occhi guardi nel crepuscolo
e la città mette le luci
di mare odora nel caruggio,
va la sirena del cantiere.

La mia anima si perde nel trambusto
ma c'è la voce di una donna:
i miei pensieri sono impotenti
come gonne a piegoline –
la donna ha ciglia come frecce.

Il ristorante è una chiesa
dopo il buio dei caruggi
la chiesa è aperta – ristorante
ci nutriamo.

Con gli occhi possiamo fare l'amore
ed evitare di pensare troppo
e ristoranti, e sguardi, e caffè,
si spegneranno – all'ora giusta.

Tagliando di manutenzione

Essendo che ho la testa in avanti per guardar
sottogonna
e nella scollatura
ogni trentasettemila avventure mi serve un tagliando
nel garage che c'è da te.

Di solito dopo avermi segato l'emiciclo craniale
vado ai rulli rotanti
e sto sdraiato sul velluto delle tue candele accese
rilasso la mia mente.

È necessario il trasferimento del mezzo sul tuo
ponte
vai al cambio dell'olio
mentre controlliamo l'alesaggio e la corsa del fumo
riparo al coperto.

Tu che dentro te

Tu che alberghi in te
il centro del libidico mio mondo
giri per la casa
strafottendoti di quello che hai dentro.

Io però che albergo in te
qualsiasi desiderio mio profondo
giro per casa
sperando di incontrarti anche per
sbaglio.

Manda Eterno in città

Manda Eterno in città
il tramonto d'arancio.
Tu ti togli i vestiti
per sentirti più libera.

C'è uno squarcio nel cielo,
e il risuono dei vicoli.
L'impotenza mi pesa
di proporre carezze.

Nelle notti non scordo
le fatiche di fabbrica –
nell'arancio del seno
va ogni matto pensiero.

Nella piazza d'affari
non c'è mai redenzione –
c'è frastuono nell'aria,
ed ho voglia di carne.

Nella livida nebbia
potrei anche saltare –
ma nel vicolo, al sole,
più mi pesa il digiuno.

Queste poesie sono per te

Queste poesie sono per te
che non ricordi il pranzo con la cena
tutta presa da chilometri ed impegni
tutta presa dal seguirsi dei fulcri.

Te ne mando una al giorno
perché è di un giorno la tua capacità
così ogni giorno mi vorrai del bene.

ti mando questo messaggio

ti mando questo messaggio
da un mondo ormai diverso dal tuo
qui si fa il surf sulle nuvole
e il futuro non esiste più
non si sta male
se si tiene conto che l'affitto è molto basso
e nessuno ti viene a rompere i coglioni
se hai bevuto troppo vino.

Bruno Osimo Ce l'hai scarico da un pezzo
Bruno Osimo Sei un vaso di fiori di campo
Bruno Osimo La scoiattola d'autunno

Opere di Dostoevskij

Notti bianche
Memorie dal sottosuolo
Il villaggio di Stepànčikovo e i suoi abitanti

Opere di Leskóv

L'ebreo in Russia
Il pellegrino incantato. Il mancino
L'angelo sigillato. L'ebreo in Russia

Opere di Bulgàkov

Comune operaia № 13
Il mago nero
Ho ucciso e altri racconti

Opere di Pùškin

Evgénij Onégin

Fiabe popolari

Sivko-burko
Fiaba su Ivàn-zarévič, sull'uccello-brace e sul lupo grigio
Vasilisa la bellissima. La sorellina volpina. Ivàn Zarévič

Sulla traduzione

Peeter Torop Total Translation
Vlahov Florin The Translation of Realia
B., S.A. Osimo Cognitive distortion, translation distortion, and poetic distortion as semiotic shifts
Bruno Osimo On Psychological Aspects of Translation
Bruno Osimo Literary translation and terminological precision: Chekhov and his short stories
Bruno Osimo Basic notions of Translation Theory

Bruno Osimo Translation Studies. Contributions from Eastern Europe
Bruno Osimo Handbook of Translation Studies
Bruno Osimo Juri Lotman's Translation Handbook
Bruno Osimo Dictionary of Translation Studies
Bruno Osimo History of Translation
Bruno Osimo Roman Jakobson's Translation Handbook
Bruno Osimo The Translation of Culture
Bruno Osimo Prototext-metatext translation shifts
Anton Popovič La scienza della traduzione
Peeter Torop La traduzione totale
Aleksandar Lûdskanov Un approccio semiotico alla traduzione
Vlahov Florin La traduzione dei realia
Revzin Rozencvejg Manuale di semiotica della traduzione
Jiří Levý La creatività linguistica e letteraria del traduttore
Jiří Levý Stile letterario e stile traduttivo. Come si forma il traduttese
Zuzana Jettmarová Teoria ceca della traduzione
B., S.A. Osimo Distorsione cognitiva, distorsione traduttiva e distorsione poetica come cambiamenti semiotici
Bruno Osimo Manuale del traduttore di Giacomo Leopardi
Bruno Osimo Peeter Torop per la scienza della traduzione
Bruno Osimo La traduzione totale. Spunti per lo sviluppo della scienza della traduzione
Bruno Osimo Teoria della mediazione linguistica
Bruno Osimo Traduzione come metafora, traduttore come antropologo
Bruno Osimo La memoria della cultura: traduzione e tradizione in Lotman
Bruno Osimo Traduzione e nuove tecnologie
Bruno Osimo Terminologia semiotica e scienza della traduzione
Bruno Osimo La lingua non salvata
Bruno Osimo Traduzione giuridica e scienza della traduzione
Bruno Osimo Traduzione della cultura
Bruno Osimo Traduzione letteraria e precisione terminologica
Bruno Osimo Traduzione e qualità
Bruno Osimo Traduzione: aspetti mentali
Bruno Osimo La traduzione totale di Peeter Torop

Fuori collana

Federico Bario Come batteva il tamburo
Aleksandr Ânov Le origini dell'autocrazia
Anatolij Rybakov Gli anni del grande terrore
Raffaello Giovagnoli Spartaco

Mihail Arcybašev Sangue
Mikhail Artsybashev Blood
Julija Voznesenskaja Decamerone delle donne
Solomon Volkov Pietroburgo. Storia culturale
Solomon Volkov Šostakovič e Stalin: l'artista e lo zar
Howard Rheingold Comunità virtuali
Bruno Osimo Il poeta in affari veniva da molto lontano
Bruno Osimo Esercizi di stile traduttivo
Bruno Osimo Melanzane dall'antipasto al dolce
Bruno Osimo Dizionario di psicoanalisi
Lucilla Porta, Una sorta di affetto. Romanzo
Tamara Nigi, Stazioni di transito. Haiku scritti sull'acqua
Poesia nascosta. Seicento ricette di cucina ebraica in Italia
Graziella Colonna, Memorie 1927-2024